Inhalt

Data Governance - der Weg aus dem Datenchaos

Kernthesen

Beitrag

Fallbeispiele

Weiterführende Literatur

Impressum

Data Governance - der Weg aus dem Datenchaos

C.Preissler

Kernthesen

- Data Governance stellt Verfügbarkeit, Sicherheit und Qualität der Unternehmensdaten sicher.
- Die Verantwortung für die Einführung von Data Governance Systemen muss auf oberster Organisationsebene liegen.
- Data Governance ist die Basis für eine funktionierende Coporate Governance.

Beitrag

Wozu braucht ein Unternehmen Data Governance?

Data Governance, beziehungsweise Datensteuerung, ermöglicht es, innerhalb einer Organisation immer auf aktuelle Unternehmensdaten zurückzugreifen, um die Betriebsabläufe und Informationsflüsse kontinuierlich zu steuern und zu optimieren und jederzeit eine schnelle und qualitativ hochwertige Informationsbereitstellung zu gewährleisten. Essentiell für ein Data Governance System ist allerdings, dass alle Unternehmensprozesse integriert sind. Leider herrscht in vielen Unternehmen dahingehend noch das Datenchaos. Da Data Governance ein sehr komplexes Thema ist, schrecken viele Unternehmen davor zurück, sich eingehender damit zu beschäftigen. Oft wird die Einführung auf die IT Abteilung abgewälzt, dabei muss für ein funktionierendes Data Governance System gerade die Führungsebene dahinter stehen. Data Governance ist vielmehr eine Strategie, als eine einfache Anschaffung, die Redundanzen verhindern soll. Nur wenn das erkannt wird, können Strukturen und Verantwortlichkeiten zur Verfügung gestellt und Datentransparenz erreicht werden. (1), (3), (9)

In den meisten Unternehmen werden Kunden-, Produkt- und Bestandsdaten von mehreren Systemen wie einem CRM oder ERP erfasst und gepflegt. Doch nicht selten ist ein schneller Austausch dieser Daten insbesondere für Marketing und Vertrieb ein Problem. Oft wird die Nutzung eines ERP-Systems auch missverstanden und als Datensteuerungstool eingesetzt. Hier ist jedoch Vorsicht geboten. Ein ERP kann gegebenenfalls mit einem Data Governance System verbunden werden, es kann dieses jedoch in keiner Weise ersetzen. (1), (5)

Data Governance ist auch die entscheidende Basis für eine funktionierende Coporate Governance. Nur wenn die Daten und Informationen im Unternehmen gezielt gesteuert und betreut werden, sind transparente Kommunikationsprozesse als Basis für Coporate Governance überhaupt möglich. Der administrative Aufwand ist jedoch nicht unerheblich, so dass häufig argumentiert wird, ein solches System bremst zu sehr das Tagesgeschäft. Dabei ist zu bedenken, dass diese Art von Transparenz jedem Unternehmen gut tut und das Unternehmensrisiko durchaus senken kann. (8)

Was ist bei der Einführung von Data Governance zu berücksichtigen?

Zunächst muss überhaupt ein Bewusstsein im Unternehmen für dieses sensible Thema geschaffen werden. Meist geschieht dies in Form einer Richtline, die gleichzeitig die Verantwortlichkeit für die Governance der Daten auf verschiedenen Ebenen des Managements definiert. Im Rahmen von Wertschöpfungsprozessen müssen die Datenressourcen detailliert qualifiziert und quantifiziert werden. Ein aktives Datenrisikomanagement hilft Datenrisiken zu erkennen, mindern, vermeiden oder auch zu akzeptieren. Ein architektonisierter Entwurf der Datensysteme ist meist sinnvoll, damit die Daten den richtigen Benutzern zur Verfügung stehen. Dadurch entsteht ein komplexes Managementsystem, dass die Daten in Sammlung, Nutzung, Aufbewahrung und Löschung einbettet.
Dabei stellen sich noch weit mehr Fragen vor einer Einführung eines Data Governance Systems, wie beispielsweise:
Sind alle Personen ausreichend im Umgang mit Daten geschult? Kann das System einfach und schnell gepflegt werden und was unterstützt die Mitarbeiter dabei?
Zu guter Letzt sind Berichterstattungen und Prüfungen wichtig, um die Wirksamkeit von Data Governance im Unternehmen auch zu überprüfen.

Die Verantwortung für eine zentrale Datensteuerung

muss zwangsweise auf einer hohen Organisationsebene liegen. Hier liegt der wichtigste Indikator für die spätere Qualität der Umsetzung. Die Verantwortung für das Datenmanagement ist im Einzelnen klar zu definieren und sollte nach Möglichkeit bei einem CIO (Chief Information Officer) liegen. Dieser kann auch Stammdatenmanager benennen und somit die Verantwortlichkeiten verteilen. (2)

Welche Erwartungen werden an eine zentrale Datensteuerung gestellt und wo liegen die Probleme?

Data Governance hat als Aufgabe die Sicherung von unternehmensweiten konsistenten Datenstandards über alle Systeme hinweg, gewährleistet darüber hinaus stringente Pflegeprozesse und kontinuierliche Verbesserungsprozesse und liefert klare organisatorische Rahmenbedingungen hierfür. Die meistgenannten Ziele im Rahmen der Einführung eines Data Governance Systems sind Kostensenkung, unternehmensinterne Prozessoptimierung, Verbesserung von Compliance und Risikomanagement und besserer Kundenservice. Dabei ist der Wunsch nach Prozessoptimierung und

Kostensenkung meist am größten. Da die Pflege von Stammdaten mittlerweile aber auch ein wichtiger Bestandteil von Qualitätsaudits ist, gewinnt Data Governance auch in dem Zusammenhang zunehmend an Bedeutung. (6), (9)

Doch woran scheitert dann eine Einführung eines solchen Systems immer noch?
Viele Unternehmer sind nach wie vor nicht bereit, Zeit und Geld in ein gutes Datensteuerungssystem zu investieren. Häufig sind die Verantwortlichen auch nicht in der Lage, den Nutzen Ihrer Innovation ausreichend darzustellen und die Kosten für solch ein Projekt zu rechtfertigen.
Ein Großteil fühlt sich von Ihrem Management hier alleine gelassen; dabei sollten gerade auf der Ebene die Verantwortlichkeiten liegen. Viele Manager sind aber immer noch der Meinung, die Qualität der Daten ist allein ein Ding der IT. Werden jedoch alle Probleme bezüglich des Datenmanagements und deren Steuerung auf die IT Abteilungen abgewälzt, ist oft eine maßgeschneiderte Lösung nur noch schwer zu finden. (1), (3)

Viele Unternehmen sehen auch nur die möglichen Risiken, die auf sie zukommen könnten. Wie so oft bleibt auch hier eine Veränderung in Planung, Entwicklung und im Betrieb von Anwendungssystemen nicht aus, was viele scheuen.

Und natürlich brauchen der Aufbau und die Einführung eines Governance Systems auch Zeit, möglicherweise für viele Firmen das am schwersten einschätzbare Risiko.

Dennoch müssen heute Unternehmen immer schneller reagieren können, um sich am Markt durchzusetzen. Die Qualität und Verfügbarkeit der Daten ist dafür wichtiger denn je. Dies hängt nicht zuletzt von der organisatorischen Zuordnung und Definition von Aufgaben des Stammdatenmanagements zusammen. Erfolgreiche Governance Programme mindern hier die Risiken und die Mitarbeiter können effizienter mit unklaren Situationen umgehen.

Nur wer sich an diese Herausforderung herantraut, kann im Wettbewerbsumfeld langfristig bestehen. (4), (5), (6)

Trends

Auch in der mittelständischen Industrie werden inzwischen "Roadmaps" zur Datensteuerungsoptimierung diskutiert. Dabei wird es durchaus als notwendig erachtet, eine klare Zuordnung und Wahrnehmung auf höherer Ebene zu schaffen. Im Zuge dessen sollen mittelfristig

Arbeitsstellen geschaffen werden, wo Mitarbeiter sich explizit mit Daten beschäftigen. Es wird als erforderlich angesehen, das Datenmanagement in das unternehmensinterne Qualitätsmanagement einzubinden und über kurz oder lang ist ein zentrales Stammdatensystem umzusetzen. Data Governance gewinnt also auch für den Mittelstand künftig an Bedeutung. (6)

Fallbeispiele

Selbst Städte wie Würzburg haben die Wichtigkeit von Data Governance erkannt, so war 2010 dieses Thema eines der Kernthemen der Würzburger E-Class-Tage. (1)

Die österreichische Baumarktkette Baumax wurde Ihrem Datenchaos nicht mehr Herr. Sämtliche Produktdaten waren nicht medienneutral abgelegt und somit nicht wiederverwendbar. Also musste dringend eine Lösung gefunden werden. Mit Hilfe einer Stammdatenplattform konnte eine zentrale Basis für alle Produktdaten geschaffen werden. Diese ließ sich ebenfalls mit dem Internetauftritt verknüpfen. Heute kann Baumax schnell agieren und sieht seine Lösung als "medienneutrale Produktdrehscheibe". (7)

Weiterführende Literatur

(1) Stammdatenmanagement muss von oben kommen Produktstammdaten werden meist in unterschiedlichsten "Datensilos" vorgehalten. Der Pflege- und Validierungsaufwand ist enorm. Martin Bühler, Senior Manager Produkt- und Stammdaten Management bei Stibo Systems, verrät die Vorteile eines zentralen Produktstammdaten-Managements. Produktstammdaten werden meist in unterschiedlichsten Datensilos vorgehalten. Der Pflege- und Validierungsaufwand ist enorm. Martin Bühler, Senior Manager Produkt- und Stammdaten Management bei Stibo Systems, verrät die Vorteile eines zentralen Produktstammdaten-Managements.
aus MM MaschinenMarkt Nr. 036 vom 06.09.2010
Seite 020

(2) IBM Service Management - Reifegradmodell für Data Governance
aus MM MaschinenMarkt Nr. 036 vom 06.09.2010
Seite 020

(3) Data Governance
aus MM MaschinenMarkt Nr. 036 vom 06.09.2010
Seite 020

(4) Mit Governance gegen das SOA Chaos
aus MM MaschinenMarkt Nr. 036 vom 06.09.2010
Seite 020

(5) Stammdatenmanagement als große
Herausforderung
aus "Computerwelt" Nr. 12 / 2010 vom 16.06.2010

(6) Stammdatenmanagement in der
mittelständischen Industrie
aus ERP Management, Nr. 2/2010, S. 27-29

(7) Marketing ohne Grenzen
aus retail technology journal, Heft 03/2010, S. 40-41

(8) Ein Plädoyer für Good Corporate Governance
Bessere Kontrolle VC-finanzierter
Entwicklungsunternehmen
aus GoingPublic Magazin, Heft Sonderausgabe
"Biotechnologie 2010"/2010, S. 150

(9) Wachstumsstrategien: Die Transformation von
Finanzinstituten Wertschöpfungskette auf dem
Prüfstand
aus Finanzierung Leasing Factoring, Heft 05/2010, S. 209-214

Impressum

Data Governance - der Weg aus dem Datenchaos

Bibliografische Information der deutschen Nationalbibliothek

Die Deutsche Nationalbibliothek verzeichnet diese Publikation in der deutschen Nationalbibliografie; detaillierte bibliografische Daten sind im Internet über http://dnb.d-nb.de abrufbar.

ISBN: 978-3-7379-0369-1

© 2015 GBI-Genios Deutsche Wirtschaftsdatenbank GmbH, Freischützstraße 96, 81927 München, www.genios.de

Alle Rechte vorbehalten. Dieses Werk ist einschließlich aller seiner Teile – z.B. Texte, Tabellen und Grafiken - urheberrechtlich geschützt. Jede Verwertung außerhalb der Grenzen des Urheberrechtsgesetzes bedarf der vorherigen Zustimmung des Verlags. Dies gilt insbesondere auch für auszugsweise Nachdrucke, fotomechanische Vervielfältigungen (Fotokopie/Mikroskopie), Übersetzungen, Auswertungen durch Datenbanken oder ähnliche Einrichtungen und die Einspeicherung und Verarbeitung in elektronischen Systemen.